SALADES GOURMANDES

미식가의 프렌치 샐러드

프랑스 정통 샐러드부터 퓨전 샐러드까지

수 퀸 지음 | 배혜정 옮김

다독
다독

차례

일러두기

샐러드는 건강에도 좋지만 여느 요리와 마찬가지로 개성 있고 먹음직스럽게 연출할 수 있는 음식이다. 조리법이 어렵지는 않지만, 맛있는 샐러드를 만들기 위해서는 재료의 조합이 중요하다. 재료는 대부분 익히지 않고 날 것을 사용하므로 제철 과일이나 제철 채소 등과 같이 신선하고 질 좋은 재료를 쓰는 게 좋다. 재료들간의 질감과 풍미가 서로 잘 맞을 때 전체적인 맛이 조화롭고 최상의 맛이 난다. 또 부드러운 견과류나 바삭한 씨앗을 넣으면 풍미와 식감이 훨씬 좋아지기도 한다. 소스 역시 중요하다. 오일과 식초 베이스의 기본 소스에 덧붙여 새로운 시도를 해보는 것도 좋다. 아시안 소스에 브뤼누아즈(채소를 3mm 정도의 작은 주사위 모양으로 잘게 자르는 것)를 넣으면 색다른 맛을 즐길 수 있다. 이 책의 마지막 장에 수록된 다양한 소스 레시피와 비법을 참고하자.

분량 정하기

샐러드에 들어가는 모든 재료는 조금씩 맛을 보며 조절하는 것이 좋다. 소스는 조금씩 첨가하며 조절하되 샐러드와 버무린 후 소스가 재료에 가볍게 배는 정도가 적당하다. 조리법은 일반적인 가이드에 불과하므로 입맛에 따라 재료의 양을 늘리거나 줄인다. 샐러드가 메인 음식의 역할을 할 때는 식욕에 따라 재료의 양을 조절한다.

계절성

각 오른쪽 페이지 상단에 재료의 맛이 최고에 달하는 시기를 표시했다. 제철이란 재료의 맛이 가장 좋고, 재료를 쉽고 싸게 구할 수 있는 시기다.

전분

유제품, 단백질, 지방

과일과 채소

6

건강한 샐러드를 위한 재료 구성

이 책에 소개된 샐러드에는 다음의 3가지 재료가 골고루 들어가 있어,
한 끼 식사로도 손색이 없을 만큼 영양이 풍부하다.

전분

샐러드에 들어가는 재료의 ⅓은 전분 함량이 높은 식품으로 채운다. 전분은 에너지의 주요 원천으로 섬유질, 칼슘, 철분, 비타민B를 함유하고 있다. 면, 국수, 빵, 감자, 쿠스쿠스 곡물, 퀴노아, 밀, 귀리, 쌀, 호밀 중 한 가지를 골라 넣는다.

과일과 채소

또 다른 ⅓은 비타민과 미네랄, 섬유소가 풍부한 과일과 채소로 채운다. 제철에 나오는 신선한 재료부터 통조림, 냉동, 건조 식품까지 샐러드에 다양하게 쓰인다. 색깔이 선명한 채소는 식물화학요소가 풍부하여 심장병, 암, 백내장 등을 예방하고 노화 방지에 효과가 있다. 케일, 근대, 시금치, 양배추, 물냉이(크레쏭), 로메인 상추, 브로콜리, 콜리플라워 등의 녹색 채소는 섬유소와 영양이 풍부하다.

유제품, 단백질, 지방

마지막 ⅓은 다음의 재료들을 적당히 포함한다.
· 치즈, 요거트 또는 프로마쥬 블랑(fromage blanc:생치즈)- 단백질과 칼슘 공급원이다.
· 육류, 닭고기, 생선, 달걀, 두부, 줄기 콩, 기타 콩류- 단백질 공급원이다.
· 올리브오일, 아보카도, 견과류, 씨앗류- 필수지방산인 오메가3 공급원으로 콜레스테롤 수치를 낮추는 데 도움이 된다.

7

맛있는 샐러드를 만드는 9단계

균형 잡힌 샐러드는 다음의 9단계를 거쳐 완성된다.
기본 샐러드나 사이드 샐러드라면 3번 단계는 생략해도 무방하다.

1

신선한 채소 선택하기
로메인 상추 또는 기본적인
잎채소를 준비한다. 그 외
한두 가지 정도 포인트가
될만한 채소를 고른다.

2

전분 첨가하기
면, 쌀, 빵, 감자(껍질째),
쿠스쿠스, 퀴노아, 보리싹,
보리, 호밀 등의 전분을
추가한다.

3

균형 잡힌 영양
약간의 단백질(육류, 생선,
달걀, 두부, 콩 등)과
질 좋은 지방(올리브오일,
아보카도, 견과류, 씨앗류)을
추가한다. 치즈를 뿌려도
좋다(소스를 넣은 다음
뿌려야 치즈가 흩어지지
않는다).

4

색 입히기
색깔이 있는 과일이나
채소로 샐러드에 색을
입힌다. 빨강, 노랑, 초록색
파프리카를 네모나게 잘라
넣거나 옥수수, 토마토,
포도, 석류알, 블루베리 등
색깔이 분명한 재료가 좋다.

5

숨겨진 보물 섞기
샐러드에서 맛있는 보물을
발견하는 건 언제나 즐겁다.
말린 과일 조각,
구운 헤이즐넛, 땅콩 등을
주저하지 말고 넣자.

8

6

소스 만들기

잎이 단단하고 고불고불
하며 섬유질이 풍부한
채소에는 다소 진한 소스가
어울리고, 연한 채소에는
가벼운 비네그레뜨 소스가
어울린다.

기본 비네그레뜨 소스에
허브, 피망, 케이퍼, 앤초비,
올리브, 향신료, 다진 마늘
등을 첨가하거나 다양한
풍미의 오일이나 식초를
넣으면 맛이 더 특별해진다.

7

섞기

소스는 재료에 섞어가며
조금씩 추가한다. 깨끗한
손으로 버무리는 것이
가장 좋다. 재료에 골고루
묻도록 넉넉히 부어주되
재료가 잠길 정도로
넣지 않도록 주의한다.

8

질감 고려하기

잘 만든 샐러드는
아삭아삭한 맛이 살아있다.
크루통(Croûtons, 빵을 작은
정육면체 모양으로 잘라
노릇하게 구운 것),
토르티야 조각, 칩스 또는
짭짤한 비스킷, 시리얼,
구운 견과류 등을 넣으면
샐러드의 식감이 한층 살아난다.
4장 〈소스와 비법〉에서
샐러드에 풍미와 질감을
더하는 방법을 참고하자.

9

장식하기

마지막으로 어란,
트러플(송로버섯),
예쁜 어린잎, 꽃 등을
샐러드에 올린다.
훨씬 먹음직스럽고
고급스러워 보인다.

곡물과 콩 손질

곡물류

퀴노아, 밀, 귀리, 참밀…

1. 찬물에 충분히 씻은 후 물에 삶기 전에 올리브오일을 두르고 살짝 볶으면 풍미가 좋아진다.
2. 소금을 넣은 물이나 육수에 곡물, 월계수 잎, 오레가노 등 향이 있는 허브를 넣고 끓인다. 익히는 시간은 재료마다 다르니 포장지에 적힌 조리 시간을 참고한다.
3. 곡물이 익으면 찬물에 헹군 다음 물기를 뺀다. 익힌 곡물들이 서로 달라붙지 않도록 약간의 올리브오일을 넣고 골고루 섞는다. 넓은 접시 위에 펼쳐 놓고 열기와 수분을 날린다. 곡물에 온기가 있을 때 소스를 넣고 곡물이 완전히 식은 다음 잎이나 생채소 또는 치즈 등을 얹는다. 이때 곡물에 충분히 간이 배도록 소스를 넉넉히 넣는 게 좋다.

콩류

흰콩, 검은콩, 병아리콩,
초록색 렌틸콩, 검은 렌틸콩…

1. 통조림 제품을 사용할 경우 찬물에 충분히 헹구고 물기를 완전히 뺀 다음 소스나 다른 재료를 넣는다.
2. 직접 조리할 경우 찬물에 충분히 씻은 다음 담가두거나, 포장지에 적혀있는 조리법에 따른다. 콩이나 렌틸콩이 부드러워지면 소금을 넣고 삶되 펄펄 끓이지 말고 뭉근하게 익힌다. 다 삶으면 물기를 뺀다. 풍미를 위해 콩이 뜨거울 때 소스를 넣고(미리 하루 전에 준비할 때도 마찬가지) 완전히 식힌 다음 채소와 치즈 등 다른 재료를 넣는다. 이때 콩에 간이 충분히 배도록 소스를 넉넉히 넣는 게 좋다.

채소 자르기

만돌린(만능 채칼) 사용법

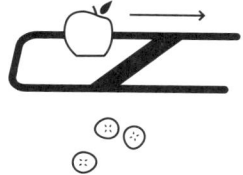

만돌린은 과일이나 채소, 단단한 치즈 등을 얇고 일정한 크기로 자르는 데 효과적이다. 자르는 두께를 다양하게 조절할 수 있으며 모양과 굵기에 따라 채판을 교체할 수도 있다.

1. 만돌린을 편평한 곳에 놓는다.
2. 자신의 몸 쪽이 아닌 반대 방향으로 재료를 밀어낸다.
3. 동그란 재료는 만돌린을 사용하기 전 한쪽 면을 칼로 편평하게 자른다. 예를 들어 호박은 끝을 먼저 잘라 놓는다.
4. 만돌린 날이 예리하므로, 재료를 안전 손잡이에 고정해서 사용한다.
5. 한 손으로 재료를 잡고 밀어내는 동안 나머지 다른 한 손은 일정한 힘을 유지하며 만돌린을 잘 고정한다.

채소 칼을 이용해 리본 끈 모양으로 자르기

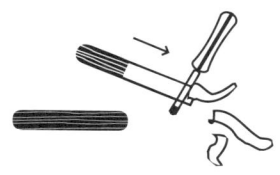

1. 오이, 당근, 호박 등 리본 끈 모양으로 자르고 싶은 채소의 양 끝부분을 칼로 잘라낸다.
2. 편평한 작업 면 위에 채소를 가로로 놓는다. 재료의 한 쪽 끝을 단단히 잡고 채소의 반대편 끝에서부터 힘있게 누르면서 긴 리본 끈 모양으로 벗겨낸다.
3. 오이나 호박처럼 씨가 있는 채소는 씨가 있는 곳까지 벗기고 난 후 뒤집어서 반대쪽을 벗긴다.

샐러드에 생기를 더하는 재료

민들레
쌉쌀한 맛

호박꽃
가벼운 겨자 맛

쇠비름
과일 맛

금잔화
신맛

오레가노
흙내

처빌
은은한, 여린 향

근대
흙내

상추(떡갈잎 모양의 상추)
아삭아삭 싱싱한 식감

슈 빨미에(토스카나 블랙 또는 뉴그린)
흙내

로메인 상추
부드러운 식감

시금치
흙내

곱슬 케일
흙내

바질
가벼운 후추 향

13

샐러드의 맛과 풍미를 살리는 재료

석류
과일향

무화과
달콤한 맛

염소 치즈
신맛

파마산 치즈
짭짤한 맛

복숭아
달콤한 맛

부라타
크리미한 맛

호박씨
버터 맛

곱게 간 어란
요오드

피스타치오
단맛

얇게 자른 송로버섯
흙내

꽃소금
미네랄

훈제 소금
훈제 향

구기자
매운맛

검은 소금
유황 향

붉은 호두
짭짤한 맛

15

곡물과 콩 샐러드
CÉRÉALES & LÉGUMES SECS

곡물과 콩으로 샐러드를 만들면 양은 푸짐해 보이고,

지방이 적고 단백질 함량이 높아 건강과 다이어트에 좋다.

샐러드에 넣기 전에 미리 익히고, 찬물에 헹군 후 물기를 빼서 사용한다.

특히 곡물과 콩은 풍미를 빠르게 흡수하므로

소스나 향신료를 넉넉히 넣는 게 좋다.

곡물 비트 호두 샐러드 CÉRÉALES, BETTERAVE & NOIX

18

2~4인분

밀 또는 보리 250g 익힌 뒤 찬물에 헹구고 물기를 뺀다.

크레쏭 85g(작게 1다발) 굵은 줄기는 제거한다.

작은 비트 2개(200g) 껍질을 벗긴 뒤 얇게 채 썬다.

볶은 호두 60g 2~3등분 한다.

소스 🍶 기본 비네그레뜨 소스 만드는 방법은 150쪽 참고.

발사믹 식초 1작은술

레몬 제스트(곱게 다진) 2작은술

소금, 후추 약간씩

샐러드 접시에 비네그레뜨 소스 2큰술, 발사믹 식초, 레몬 제스트를 넣고 잘 섞는다.
곡물과 크레쏭을 넣고 소스와 잘 버무린다.
비트를 조심스럽게 올리고 소금과 후추로 간한 뒤 입맛에 따라 비네그레뜨 소스를 추가한다.
호두를 군데군데 올리고 낸다.

매콤한 퀴노아 샐러드 QUINOA PIMENTÉ

20

2~4인분

붉은 퀴노아 200g 익힌 뒤 찬물에 헹구고 물기를 뺀다.

익힌 흰콩 250g 통조림 제품일 경우 물기를 빼고 사용한다.

아보카도 1개 2등분 해서 껍질과 씨를 제거하고 작은 크기로 썬다.

홍고추 1개 중간 크기로 얇게 채 썬다.

소스🍶 기본 비네그레뜨 소스 50㎖ 만드는 방법은 150쪽을 참고하되 식초 대신 레몬즙을 넣는다.

다진 마늘 2g(마늘 1쪽)

고춧가루 1꼬집

고수 1줌, 이태리 파슬리 1줌

호박씨 3큰술

라임즙(취향에 따라 생략 가능)

소스 💧 비네그레뜨 소스와 마늘, 고춧가루, 홍고추를 한데 넣고 잘 섞는다.

샐러드 접시에 퀴노아, 흰콩, 허브, 호박씨를 담는다.

재료에 골고루 묻도록 소스를 충분히 붓는다.

작게 썬 아보카도를 살짝 얹는다.

입맛에 따라 라임즙을 첨가한다.

그린 따불레 샐러드 TABOULÉ VERT

2~4인분

곡물(보리 또는 밀) 80g 익힌 뒤 찬물에 헹구고 물기를 뺀다.
토마토(모양과 색깔 다양하게) 200g 4~8등분으로 자른다.
오이 100g 동그랗고 얇게 썬다.
적양파 ½개 가늘게 채 썬다.
레몬즙 45㎖
라스 엘 하누트● 2작은술
이태리 파슬리 50g 가늘게 썬다.
쇠비름 1줌
민트잎 25g 곱게 다진다.
엑스트라 버진 올리브오일 45㎖
소금, 후추 약간씩

●**라스 엘 하누트**(Ras el-hanout) 중동지역의 향신료를 배합한 것으로 정향, 커민, 계피, 넛맥, 카르다멈, 고수, 후추 등을 섞어 만든다.

샐러드 접시에 곡물, 토마토, 오이, 적양파를 담는다.
레몬즙, 라스 엘 하누트, 허브를 넣는다.
올리브오일과 소금, 후추를 넣고 살살 섞는다.
입맛에 따라 레몬즙, 올리브오일, 소금, 후추를 첨가한다.
맛이 밸 때까지 20분간 그대로 둔 뒤 낸다.

보를로티 그린 샐러드 BORLOTTI ET LÉGUMES VERTS

24

2~4인분

보를로티 콩 240g 익힌 뒤 찬물에 헹구고 물기를 뺀다. 통조림 제품일 경우 물기를 빼고 사용한다.

그린빈 80g 꼭지를 떼고 길게 썬다.

오이 100g 얇고 동그랗게 썬다.

루콜라 1줌

굵은 적양파 ½개 얇게 채 썬다.

속이 붉은 오렌지 1개 껍질을 제거한 뒤 둥글고 납작하게 썬다.

그린 올리브 50g 씨를 빼고 굵게 썬다.

소스 기본 비네그레뜨 소스 100㎖ 만드는 방법은 150쪽을 참고하되 식초 대신 오렌지즙을 넣는다.

넓은 샐러드 접시에 소스를 제외한 나머지 모든 재료를 담는다.
비네그레뜨 소스 ½을 재료 위에 붓고 살살 섞는다.
입맛에 따라 남은 소스를 추가하고 바로 낸다.

시바의 여왕 샐러드 REINE DE SABA

26

2~4인분

익힌 쿠스쿠스● 300g

체리 1줌(또는 말린 구기자)

석류 ½개

소스💧 중동 소스 70㎖ 만드는 방법은 156쪽 참고.

아몬드 4큰술 얇게 썰어서 굽는다.

이태리 파슬리 1줌 굵게 썬다.

민트잎 1줌 굵게 썬다.

레몬 제스트(얇고 곱게 채 썬) 2작은술

소금, 후추 약간씩

● **쿠스쿠스**(Couscous) 세몰리나에 수분을 가해 동글동글하게 만든 노랗고 아주 작은 그레인'

작은 냄비에 중동 소스를 넣고 약한 불로 데운다.

샐러드 접시에 쿠스쿠스를 담고 중동 소스 3큰술을 넣은 다음 그대로 식힌다.

석류알을 뺀 나머지 모든 재료를 넣고 골고루 섞는다.

입맛에 따라 남은 소스와 소금, 후추를 첨가한다.

석류알을 뿌리고 낸다.

렌틸콩 체리 루콜라 샐러드 LENTILLES, CERISES & ROQUETTE

28

2~4인분

렌틸콩 500g 익힌 뒤 찬물에 헹구고 물기를 뺀다.

체리 350g 씨를 제거한 뒤 4등분 한다.

잎채소(루콜라, 미주나, 민들레 등) 1줌

기본 비네그레뜨 소스 100㎖ 만드는 방법은 150쪽 참고.

다진 마늘 2g(마늘 1쪽)

꿀 2작은술

소금, 후추 약간씩

소스 💧 비네그레뜨 소스와 마늘, 꿀을 한데 넣고 잘 섞는다.
샐러드 볼에 렌틸콩, 체리, 잎채소를 담고 소스를 넉넉하게 부은 뒤 골고루 섞는다.
입맛에 따라 소금, 후추를 적당히 뿌리고 낸다.

크리미 렌틸콩 샐러드 TOMATES & LENTILLES CRÉMEUSES

2~4인분

렌틸콩 450g 익힌 뒤 찬물에 헹구고 물기를 뺀다.

완숙 방울토마토 300g 2~3등분 한다.

어린 시금치 2줌 먹기 좋게 반 정도 자른다.

요거트 소스 240g 만드는 방법은 152쪽 참고.

이태리 파슬리(또는 작게 썬 고수잎) 4큰술

레몬즙 1큰술

소금, 후추 약간씩

소스 🫧 요거트 소스와 허브, 소금, 후추를 한데 넣고 잘 섞는다.
샐러드 접시에 렌틸콩을 담는다. 렌틸콩에 골고루 묻도록 소스를 넉넉히 붓고 섞는다.
토마토와 시금치를 올리고 입맛에 따라 레몬즙과 후추를 첨가한다.
렌틸콩에 간이 밸 때까지 30분 정도 그대로 두었다가 먹기 전 시금치를 올려서 낸다.

지중해식 따불레 샐러드 TABOULÉ MÉDITERRANÉEN

32

2~4인분

익힌 쿠스쿠스(입자가 굵은) 350g

빨간 파프리카(오일에 담가 놓은) 80g 오일을 닦아낸 뒤 작게 썬다.

아티초크(오일에 담가 놓은) 80g 오일을 닦아낸 뒤 작게 썬다.

가지(오일에 담가 놓은) 80g 오일을 닦아낸 뒤 작게 썬다.

드라이 방울토마토 60g 2등분 한다.

블랙 올리브 40g 씨를 뺀다.

케이퍼 45g 굵게 다진다.

기본 비네그레뜨 소스 100㎖ 만드는 방법은 150쪽을 참고하되 식초는 발사믹 식초를 넣는다.

다진 마늘 1g(마늘 ½쪽)

바질잎 1줌 작게 자른다.

레몬즙 1큰술

소금, 후추 약간씩

🌿 따불레(Taboule) 쿠스쿠스와 생 파슬리, 토마토, 오이, 양파, 레몬즙, 오일 등을 넣어 만든 중동지역 샐러드. 지금은 보편화되어 프랑스 슈퍼마켓에서도 만날 수 있다. 여기서는 오일에 마리네이드된 채소를 사용하여 따불레를 응용했다. 쿠스쿠스는 취향에 따라 원하는 크기를 구입한다. 바질은 계절별로 가격 차이가 있으니 적당히 양을 조절해 넣는다.

33

소스 🌢 기본 비네그레뜨 소스와 마늘을 한데 넣고 잘 섞는다.
샐러드 접시에 모든 재료를 담은 뒤 곡물에 잘 스미도록 소스를 넉넉히 붓고 골고루 섞는다.
입맛에 따라 레몬즙, 소금, 후추를 첨가한다.
간이 밸 때까지 20분 정도 그래도 두었다가 낸다.

흰콩 참치 샐러드 THON & HARICOTS BLANCS

2~4인분

흰콩 500g 익힌 뒤 찬물에 헹구고 물기를 뺀다.

참치 300g 통조림 속 기름을 빼고 사용한다.

적양파 1개 잘게 썬다.

앤초비(오일에 담긴) 3개 기름을 뺀다.

이태리 파슬리 15g

바질 10g

세이지 5장

케이퍼 1큰술

마늘 1쪽

레몬즙 1큰술

디종 머스터드 ½작은술

엑스트라 버진 올리브오일 135㎖

소금, 후추 약간씩

34

샐러드 접시에 흰콩, 참치, 적양파를 담는다.

소스 🍶 블렌더에 나머지 재료(앤초비, 파슬리, 바질, 세이지, 케이퍼, 마늘, 레몬즙, 머스터드, 오일)를 넣고 걸쭉해질 때까지 간다.

샐러드에 소스를 붓고 입맛에 따라 소금, 후추, 레몬즙을 첨가한다.

콩에 간이 밸 때까지 30분 정도 그대로 두었다가 낸다.

페스토 퀴노아 페타 치즈 샐러드 QUINOA AU PESTO & À LA FETA

36

2~4인분

퀴노아 450g 익힌 뒤 찬물에 헹구고 물기를 뺀다.
페타 치즈 75g 살짝 으깬다.
쪽파 3개 잘게 썬다.
구운 잣 4큰술
고수 15g 작게 썬다.
딜 15g 곱게 다진다.
민트잎 15g 다진다.
기본 비네그레뜨 소스 150㎖ 만드는 방법은 150쪽 참고.
페스토 3큰술
소금, 후추 약간씩

소스 💧 비네그레뜨 소스와 페스토를 한데 넣고 잘 섞는다.

샐러드 접시에 퀴노아, 쪽파, 허브, 페타 치즈 ½을 담고 살살 섞는다.

재료에 골고루 묻도록 소스를 넉넉히 붓고 소금과 후추를 뿌린다.

남은 페타 치즈를 얹고 잣을 뿌린다. 입맛에 따라 소금, 후추, 소스를 첨가한다.

메밀 국수 미소 샐러드 NOUILLES SOBA SAUCE MISO

38

2~4인분

메밀 국수 200g 삶은 뒤 찬물에 헹구고 차갑게 준비한다.

어린잎 채소 2줌

옥수수알 90g 통조림 제품일 경우 물기를 완전히 빼고 사용한다.

당근 100g 얇게 채 썬다.

아보카도 1개 작게 깍둑썰기한다.

쪽파 2개 가늘게 썬다.

고수 2줌 작게 썬다.

해바라기 씨 30g, 검은 통깨 ½큰술

소스 미소 생강 소스 만드는 방법은 162쪽 참고.

레몬즙 1큰술, 참기름 1큰술, 소금과 후추 약간씩

메밀 국수는 달라붙지 않도록 참기름을 뿌려 잘 섞어 둔다.

샐러드 접시에 메밀 국수와 어린잎 채소, 옥수수알, 당근, 쪽파, 고수,해바라기씨를 넣고 살살 섞는다.

면과 재료에 간이 충분히 배도록 미소 생강 소스를 넉넉히 뿌린 뒤 아보카도를 올린다.

입맛에 따라 레몬즙과 소금, 후추를 첨가하고 검은 통깨를 솔솔 뿌린다.

면발이 불기 전에 먹는다.

팔라펠 샐러드 FALAFELS ET SALADE

40

2~4인분

팔라펠 6개 2등분 한다.

병아리콩 100g 익힌 뒤 찬물에 헹구고 물기를 뺀다. 통조림 제품일 경우 찬물에 헹군 뒤 물기를 빼고 사용한다.

방울토마토 150g 2등분 한다.

오이 150g 길게 2등분 한 뒤 어슷하게 썬다.

피타 빵 1~2개 먹기 좋게 자른다.

타히니● 3큰술

레몬즙 2큰술

다진 마늘 1g(마늘 ½쪽)

상추 2줌

이태리 파슬리 작게 2줌

소금, 후추 약간씩

● 타히니(Tahini) 구운 참깨, 올리브오일, 소금을 넣고 만든 참깨 페이스트. 중동과 북아프리카를 비롯해 여러 나라에서 쓰인다.

🌿 팔라펠(Falafel) 병아리콩(이집트콩) 또는 누에콩(잠두콩), 각종 허브, 향신료를 함께 갈아 만든 반죽을 동글게 만들어 튀긴 음식.

소스 🫗 타히니, 레몬즙, 마늘, 소금, 후추, 찬물 50~100㎖를 한데 넣고 걸쭉해질 때까지 골고루 섞는다.
넓은 샐러드 접시에 피타 빵과 팔라펠을 뺀 나머지 모든 재료를 담는다.
재료에 골고루 묻도록 소스를 넉넉히 붓고 입맛에 따라 소금, 후추, 레몬즙을 첨가한다.
먹기 직전 피타 빵과 팔라펠을 올리고, 남은 소스는 따로 소스 볼에 담아 낸다.

콩 파프리카 샐러드 HARICOTS & POIVRONS AU CHILI

42

2~4인분

각종 콩류(검은콩, 붉은 콩, 흰콩 등) 450g 익힌 뒤 찬물에 헹구고 물기를 뺀다.

빨간 파프리카 1개 작게 썬다.

초록 피망 1개 작게 썬다.

중동 소스 150㎖ 만드는 방법은 156쪽 참고.

고춧가루 ½작은술

적양파 1개 작게 썬다.

고수 30g 잘게 다진다.

레몬즙(또는 라임즙) 약간

소금, 후추 약간씩

소스 중동 소스와 고춧가루를 한데 넣고 잘 섞는다.

샐러드 접시에 레몬즙을 제외한 모든 재료를 담는다.

재료에 골고루 묻도록 소스를 넉넉히 붓고 입맛에 따라 레몬즙과 소금, 후추를 첨가한다.

간이 밸 때까지 30분 정도 그대로 두었다가 낸다.

●레몬이나 라임을 몇 조각 썰어서 샐러드와 함께 낸 뒤, 먹을 때 뿌려도 좋다.

슈퍼 에너지 샐러드 SUPER ÉNERGIE

44

2~4인분

익힌 퀴노아 350g

두부 180g 네모나게 잘라서 굽거나 튀긴 뒤 따뜻한 상태로 실온에 둔다.

브로콜리 120g 작은 송이 모양으로 잘라낸다.

당근 80g 얇게 채 썬다.

어린 시금치 2줌

어린 케일 2줌

소스🌢 유자 소스 240㎖ 만드는 방법은 160쪽 참고.

고춧가루 약간(취향에 따라 생략 가능)

소금, 후추 약간씩

6월~10월

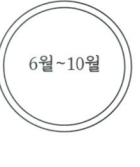

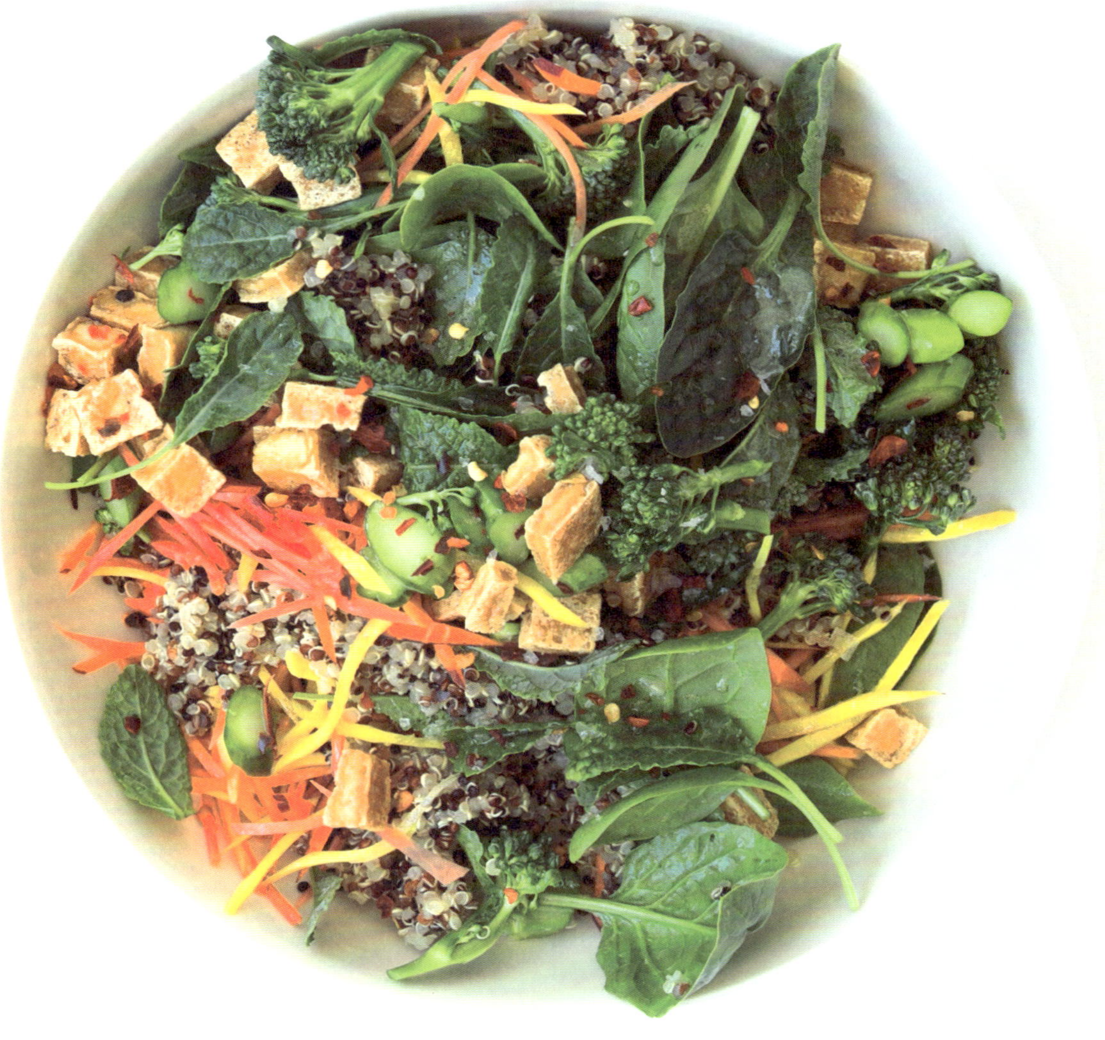

샐러드 접시에 퀴노아와 채소류를 담는다.

유자 소스를 재료에 넉넉히 붓고 골고루 섞는다.

고춧가루와 소금, 후추를 입맛에 따라 넣고 간이 밸 때까지 20분 정도 그대로 둔다.

마지막에 두부를 얹고 남은 소스를 작은 소스 볼에 담아 샐러드와 함께 낸다.

고기, 생선, 치즈 샐러드

VIANDE & POISSON & FROMAGE

입맛을 돋우는 전식 샐러드부터

메인 요리로도 손색없는 푸짐한 샐러드와 파티에 어울리는 특별 샐러드까지

상황에 따라 다양하게 활용할 수 있는 샐러드를 소개한다.

고등어 수송나물 샐러드 MAQUEREAU & SALICORNES

48

2~4인분

훈제 고등어 1마리 껍질을 벗기고 살만 결대로 자른다(고등어를 바삭하게 구워 살만 발라내도 좋다).

수송나물 150g 작게 자른다.

오이 200g 동글고 얇게 썬다.

다양한 어린잎 1줌

오이피클 40g 길게 2등분 한다.

케이퍼 20g

레몬 콩피● 1개 껍질만 얇게 채 썬다.

엑스트라 버진 올리브오일 3큰술

레몬즙 2큰술 취향에 따라 양을 늘린다.

후추 약간

● 레몬 콩피 레몬을 통째로 또는 적당한 크기로 잘라 소금물에 절인 것.

샐러드 접시에 수송나물, 오이, 어린잎, 오이피클, 케이퍼, 레몬 콩피를 담는다.
올리브오일과 레몬즙을 섞어서 샐러드에 두르고 후추를 살짝 뿌린다.
고등어를 올리고 입맛에 따라 레몬즙을 첨가한다.
다른 접시에 나누어 담은 뒤 바로 낸다.

새우 포도 샐러드 GAMBAS & RAISINS

50

2~4인분

새우 160g 살짝 익힌 뒤 머리를 제거한다.

포도(씨 없는) 100g

병아리콩 100g 익힌 뒤 찬물에 헹구고 물기를 뺀다.

통조림 제품일 경우 찬물에 헹군 뒤 물기를 빼고 사용한다.

노란 파프리카 100g 채 썬다.

오이 80g 곱게 채 썬다.

바질잎 10장 잘게 썬다.

레몬즙 2큰술 취향에 따라 양을 늘린다.

로메인 상추 10장 2~3등분 한다.

소스 요거트 소스 만드는 방법은 152쪽을 참고하되 기본 소스에서 커민을 뺀다.

올리브오일 1큰술

소금, 후추 약간씩

소스 요거트 소스와 오이, 바질잎, 레몬즙 ½을 한데 넣고 잘 버무린다.
샐러드 접시에 나머지 모든 재료를 담고 요거트 소스와 버무린 오이를 넣는다.
재료에 골고루 묻도록 소스를 충분히 붓고 살살 섞는다.
입맛에 따라 레몬즙, 소금, 후추를 첨가한 뒤 바로 낸다.

캘리포니아식 샐러드 SALADE CALIFORNIENNE

52

2~4인분

닭 살코기 150g 익힌 뒤 잘게 찢는다.

방울토마토 8개 2등분 한다.

옥수수알 80g

두툼한 베이컨 1줄 작게 자른 뒤 바삭하게 굽는다.

달걀 2개 삶아서 2등분 한다.

아보카도 1개 작고 네모나게 자른다.

염소 치즈 60g 살짝 으깨거나 얇게 썬다.

로메인 상추 4~8장 얇고 어슷하게 썬다.

뉴그린(토스카노) 4장 얇고 어슷하게 썬다.

소스 🛢 기본 비네그레뜨 소스 100㎖ 만드는 방법은 150쪽을 참고하되 식초는 레드와인식초를 넣는다.

꿀(또는 아가베 시럽) ½큰술

샐러드 접시에 로메인 상추와 뉴그린을 골고루 담는다.
닭고기, 토마토, 옥수수, 구운 베이컨, 달걀을 올린다.
아보카도를 올리고, 염소 치즈를 군데군데 올린다.
소스 비네그레뜨 소스와 꿀을 한데 넣고 잘 섞는다.
입맛에 따라 소스를 뿌리고 낸다.

곱슬 케일 시저 샐러드 KALE CÉSAR

2~4인분

곱슬 케일 400g 잎 중앙의 굵은 심을 잘라내고 작게 자른다.

허브 크루통 120g 만드는 방법은 172쪽 참고.

올리브오일 4큰술

마늘 1쪽(굵은 것)

소스🌢 앤초비 소스 300㎖ 만드는 방법은 164쪽 참고.

파마산 치즈 40g 얇게 썬다.

큰 볼에 케일을 담고 올리브오일을 넣어 버무린 뒤 오일이 케일에 잘 스며들도록 10분 정도 그대로 둔다.
마늘을 2등분 해서 잘린 쪽을 샐러드 볼 안쪽에 문지른 뒤 앤초비 소스 ¾을 붓고 섞는다.
오일에 버무려 둔 케일과 크루통을 샐러드 볼에 넣고 맛이 배도록 골고루 섞는다.
입맛에 따라 앤초비 소스를 추가하고, 파마산 치즈를 올린 뒤 낸다.

리코타 잠두콩 복숭아 샐러드 FÈVES, RICOTTA ET PÊCHES

56

2~4인분

리코타 치즈 300g 포크로 잘 섞는다.
잠두콩(누에콩) 250g 익힌 뒤 껍질을 제거한다.
복숭아 4개~6개 껍질째 얇게 자른다.
다양한 어린잎 2줌
소금 ½작은술
엑스트라 버진 올리브오일 3큰술
레몬즙(또는 라임즙) 레몬 1개분

리코타 치즈, 소금, 올리브오일 1큰술을 한데 넣고 섞는다.

샐러드 접시에 어린잎, 복숭아, 잠두콩을 담고 남은 올리브오일과 레몬즙을 뿌린다.

리코타 치즈를 군데군데 올리거나 동그랗게 공 모양으로 만들어 접시에 올린다.

입맛에 따라 소금, 후추, 레몬즙을 첨가한다.

수란 듀카 샐러드 FRISÉE, ŒUF POCHÉ ET DUKKAH

58

2~4인분

수란 4개

구운 라르동(베이컨 또는 훈제 삼겹살) 200g 삼겹살이나 베이컨을 작게 자른 뒤 팬에 노릇하게 굽는다.

치커리 4줌

소스🝂 기본 비네그레뜨 소스 200㎖ 만드는 방법은 150쪽을 참고하되 식초는 셰리 식초를 넣는다.

듀카 4큰술 만드는 방법은 176쪽 참고.

소금, 후추 약간씩

듀카(Dukkah) 커민, 고수, 참깨, 헤이즐넛 등과 소금, 후추를 넣고 만든 이집트의 향신료. 시판용을 쓰거나 견과류를 잘게 부순 뒤 향신 허브와 믹스해서 사용해도 좋다.

볼에 치커리와 비네그레뜨 소스 ½을 넣고 잘 섞은 다음 소금과 후추로 간한다.
인원 수에 맞게 오목한 샐러드 접시를 준비하고 치커리를 배분해 넣는다.
수란과 라르동을 각각 접시에 올린 뒤 남은 소스를 뿌린다.
듀카를 골고루 뿌리고 바로 낸다.

옥수수 트레비즈 샐러드 MAÏS ET TRÉVISE

60

2~4인분

트레비즈(트레비소) 1포기 둘로 가른 뒤 길게 채 썬다.

옥수수 2개 익혀서 알갱이만 칼로 잘라낸다.

훈제햄 100g 작고 네모나게 자른다.

기본 비네그레뜨 소스 만드는 방법은 150쪽을 참고하되 식초 대신 레몬즙을 넣는다.

파마산 치즈 가루 1큰술 수북하게 준비한다.

꿀 1작은술

허브(파슬리, 딜, 바질, 부추 등을 곱게 다진) 3큰술

소스 비네그레뜨 소스와 파마산 치즈, 꿀을 한데 넣고 잘 섞는다.
오목한 샐러드 접시에 트레비즈와 옥수수알, 햄을 담고, 소스를 부어 골고루 섞는다.
곱게 다진 허브를 솔솔 뿌리고 낸다.

게살 래디쉬 펜넬 샐러드 CRABE, RADIS ET FENOUIL

2인분

익힌 게살 250g(통조림 제품도 가능)

펜넬 60g 얇게 채 썬다.

크레쏭 30g 굵은 줄기는 떼어낸다.

래디쉬 1~2개 얇고 동그랗게 썬다.

화이트 와인식초 120㎖

설탕 2작은술

고추기름 60㎖

레몬즙 2큰술

식용 금잔화 꽃잎(장식용)

소금, 후추 약간씩

식초, 설탕, 소금을 한데 넣고 섞은 뒤 펜넬을 넣고 30분 정도 마리네이드한다. 마리네이드한 펜넬은 수분을 완전히 제거한다.

소스 고추기름과 레몬즙, 소금, 후추를 한데 넣고 섞어 매콤한 소스를 만든다.

샐러드 접시에 게살을 담고 소스를 조금 붓는다. 크레쏭, 래디쉬, 마리네이드한 펜넬을 담고 골고루 섞는다.

남은 샐러드 소스를 위에 뿌린 다음 먹기 전 금잔화 꽃잎을 전체적으로 솔솔 뿌린다.

햄 완두콩 페코리노 치즈 샐러드 POIS, JAMBON ET PECORINO

64

2~4인분

완두콩 160g 익힌 뒤 찬물에 헹구고 물기를 뺀다.

완두콩 새싹 160g

훈제햄 200g 작고 네모나게 썬다.

페코리노 치즈 100g 얇게 썬다.

레몬즙 4큰술

엑스트라 버진 올리브오일 120㎖

후추 약간

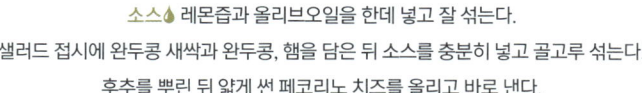

소스 레몬즙과 올리브오일을 한데 넣고 잘 섞는다.

샐러드 접시에 완두콩 새싹과 완두콩, 햄을 담은 뒤 소스를 충분히 넣고 골고루 섞는다.

후추를 뿌린 뒤 얇게 썬 페코리노 치즈를 올리고 바로 낸다.

닭고기 월도프 샐러드 SALADE WALDORF AU POULET

2~4인분

닭가슴살 3개 익힌 뒤 약 1cm 두께로 썬다.

셀러리 줄기 2대 채칼로 껍질을 한번 벗기고 어슷하게 썬다.

빨간 사과 1개 껍질째 가늘게 채 썬다.

미니 로메인 상추 2포기 길게 세로로 썬다.

구운 호두 50g 굵게 으깬다.

씨 없는 포도 150g 2등분 한다.

그릭 요거트 100g

에스트라공 1큰술 잘게 다진다.

레몬즙 1큰술

소금, 후추 약간씩

소스 🫒 요거트와 에스트라공, 레몬즙을 한데 넣고 잘 섞은 뒤 소금, 후추로 간한다.
볼에 로메인 상추를 제외한 나머지 재료들을 담은 뒤 위의 소스를 넉넉하게 붓고 닭가슴살에 소스가 충분히 묻도록 잘 버무린다.
샐러드 접시에 로메인 상추를 먼저 담고 소스에 버무린 위의 재료들을 보기 좋게 올린 뒤 바로 낸다.

코파 부라타 무화과 샐러드 FIGUES, COPPA ET BURRATA

68

2인분

잎채소(루콜라, 미주나, 어린잎 등) 4줌
무화과 6개 2~4등분 한다.
코파 8장
부라타 치즈 1덩어리(작은 경우 2덩어리)
피스타치오 3큰술 잘게 으깬다.
엑스트라 버진 올리브오일 90㎖
발사믹 식초 45㎖
소금, 후추 약간씩

소스 올리브오일, 식초, 소금, 후추를 한데 넣고 잘 섞는다.
넓은 샐러드 접시에 잎채소를 골고루 담고 무화과와 코파를 올린다.
부라타 치즈를 덩어리째 또는 2~4등분 하여 한쪽에 올린다.
입맛에 따라 소스를 붓고 피스타치오를 뿌린 뒤 바로 낸다.

라브네 가지 샐러드 AUBERGINES, LABNEH ET GRENADE

70

2~4인분

구운 가지 400g
라브네● 160g
석류 ½개
기본 비네그레뜨 소스 100㎖ 만드는 방법은 150쪽 참고.
석류 당밀 2큰술
자타르● 2작은술
민트잎 1줌 굵게 썬다.
이태리 파슬리 1줌 굵게 썬다.

●**라브네**(Labneh) 중동식 요거트 치즈. ●**자타르**(Zaatar) 오레가노, 타임, 바질 등 여러 가지 허브를 혼합한 중동 향신료.

소스 🍶 비네그레뜨 소스와 석류 당밀, 자타르를 한데 넣고 잘 섞는다.

샐러드 접시에 가지와 허브를 담고 재료에 골고루 묻도록 소스를 넉넉히 뿌린다.

라브네를 떠서 접시 가장자리에 얹고 석류알을 뿌린 뒤 바로 낸다.

새우 트로피컬 샐러드 CREVETTES TROPICALES

2~4인분

익힌 새우 300g 껍질을 제거하고 살만 발라낸다.

망고 1개 껍질을 벗기고 가늘고 길게 썬다.

오이 150g 작게 깍둑썰기한다.

로메인 상추 8~12장

민트잎 1줌 잘게 다진다.

고수 1줌 작게 자른다.

붉은 고추 1개 얇고 동그랗게 썬다.

소스 🍶 타이식 비네그레뜨 소스 만드는 방법은 154쪽 참고.

오목한 샐러드 접시에 모든 재료를 담고 살살 섞는다.
재료에 골고루 묻도록 타이 비네그레뜨 소스를 넉넉히 부은 뒤 바로 낸다.

어란 셀러리 달걀 샐러드 POUTARGUE, CÉLERI & ŒUFS

74

2~4인분

반숙 달걀 4개
어란 4큰술 곱게 간다.
셀러리 6줄기 어슷하게 썬다.
이태리 파슬리 잎 4줌
아삭한 잎채소(로메인 상추 등) 2줌
소스 기본 비네그레뜨 소스 100㎖ 만드는 방법은 150쪽 참고.
구운 헤이즐넛 4큰술 으깬다.
빵가루 4큰술

오목한 샐러드 접시에 셀러리, 파슬리, 잎채소를 담는다.
재료에 골고루 묻도록 비네그레뜨 소스를 넉넉히 붓는다.
반숙 달걀을 위에 올리고 헤이즐넛, 빵가루, 어란을 뿌린 뒤 바로 낸다.

훈제연어 스펠타밀 샐러드 SAUMON FUMÉ ET ÉPEAUTRE

76

2~4인분

익힌 밀(스펠타밀)이나 익힌 보리 320g

훈제연어 160g 얇고 넓게 썬다.

방울토마토 12개 2등분 한다.

오이 160g 길게 반으로 가른 뒤 어슷하게 썬다.

적양파 1개 가로로 2등분 한 뒤 동그랗고 얇게 썬다.

사과식초 240㎖

설탕 2큰술

엑스트라 버진 올리브오일 4큰술

레몬즙 2큰술

딜 2큰술 잘게 자르고, 몇줄기는 장식용으로 따로 남긴다.

소금, 후추 약간씩

볼에 식초와 설탕을 넣고 섞은 다음 오이와 양파를 넣고 30분 정도 마리네이드한 뒤 양파와 오이를 건져낸다.

오목한 샐러드 접시에 곡물과 토마토를 담고 섞은 다음 올리브오일과 레몬즙을 넣는다.

훈제연어와 마리네이드한 오이와 양파를 넣고 딜을 넣는다.

입맛에 따라 레몬즙, 소금, 후추를 첨가하고 남겨 둔 딜로 장식한 뒤 바로 낸다.

니스식 샐러드 SALADE NIÇOISE

2~4인분

로메인 상추 2포기

삶은 달걀 2개 2등분 한다.

방울토마토 4~6개 2~4등분 한다.

오이 ½개 길게 반으로 가른 뒤 반달 모양으로 썬다.

아티초크(오일에 담가 놓은) 4개 오일을 닦아 내고 사용한다.

블랙 올리브 10개

앤초비 4~8개 2~3등분 한다.

소스 🍶 기본 비네그레뜨 소스 100㎖ 150쪽을 참고하되 식초는 레드와인식초를 넣는다.

다진 마늘 2g(마늘 1쪽)

바질잎 1줌 1~2번 자른다.

니스식 샐러드는 다양한 버전이 있으므로 아티초크, 바질 대신 구하기 쉬운 다른 지중해 재료를 넣어도 좋다.

소스 비네그레뜨 소스와 마늘을 한데 넣고 잘 섞는다.
샐러드 접시에 로메인 상추, 토마토, 달걀, 오이, 아티초크, 올리브, 앤초비를 담는다.
소스를 넉넉히 붓고 바질잎을 뿌린 뒤 바로 낸다.

콜로나타 복숭아 샐러드 NECTARINE & COLLONATA

2~4인분

줄기 콩 60g 끝부분을 제거하고 어슷하게 썬다.

복숭아 3개 씨를 제거하고 2등분 한 뒤 길게 썬다.

루콜라 2줌

콜로나타● 슬라이스 4~6개

소스◌ 기본 비네그레뜨 소스 100㎖ 만드는 방법은 150쪽 참고.

●콜로나타(라르도 디 콜로나타 Lardo di Colonnata) 염장한 돼지고기로 하얀 대리석처럼 미끈한 지방이 많다. 얇게 잘라서 사용한다.

샐러드 접시에 복숭아, 루콜라, 줄기 콩을 담는다.
재료에 골고루 묻도록 비네그레뜨 소스를 넉넉히 붓는다.
마지막에 콜로나타를 올리고 낸다.

로크포르 치즈 배 호두 샐러드 ROQUEFORT, POIRE, CÉLERI ET NOIX

82

2~4인분

배 2개 깨끗이 씻은 뒤 씨 부분을 제거하고 얇게 썬다.

로크포르 치즈 180g 으깬다.

호두 120g 2~3조각으로 자른다.

셀러리 3줄기 작게 어슷하게 썬다.

레몬즙 2큰술

헤이즐넛 오일(또는 포도씨유, 호두 오일) 60㎖

소금 ½작은술

후추 약간

8월~
이듬해 4월

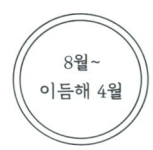

로크포르(Roquefort) 치즈는 짠 맛이 강하므로 작게 으깨서 올리고 소금은 전체 맛을 본 뒤 필요하면 첨가한다.

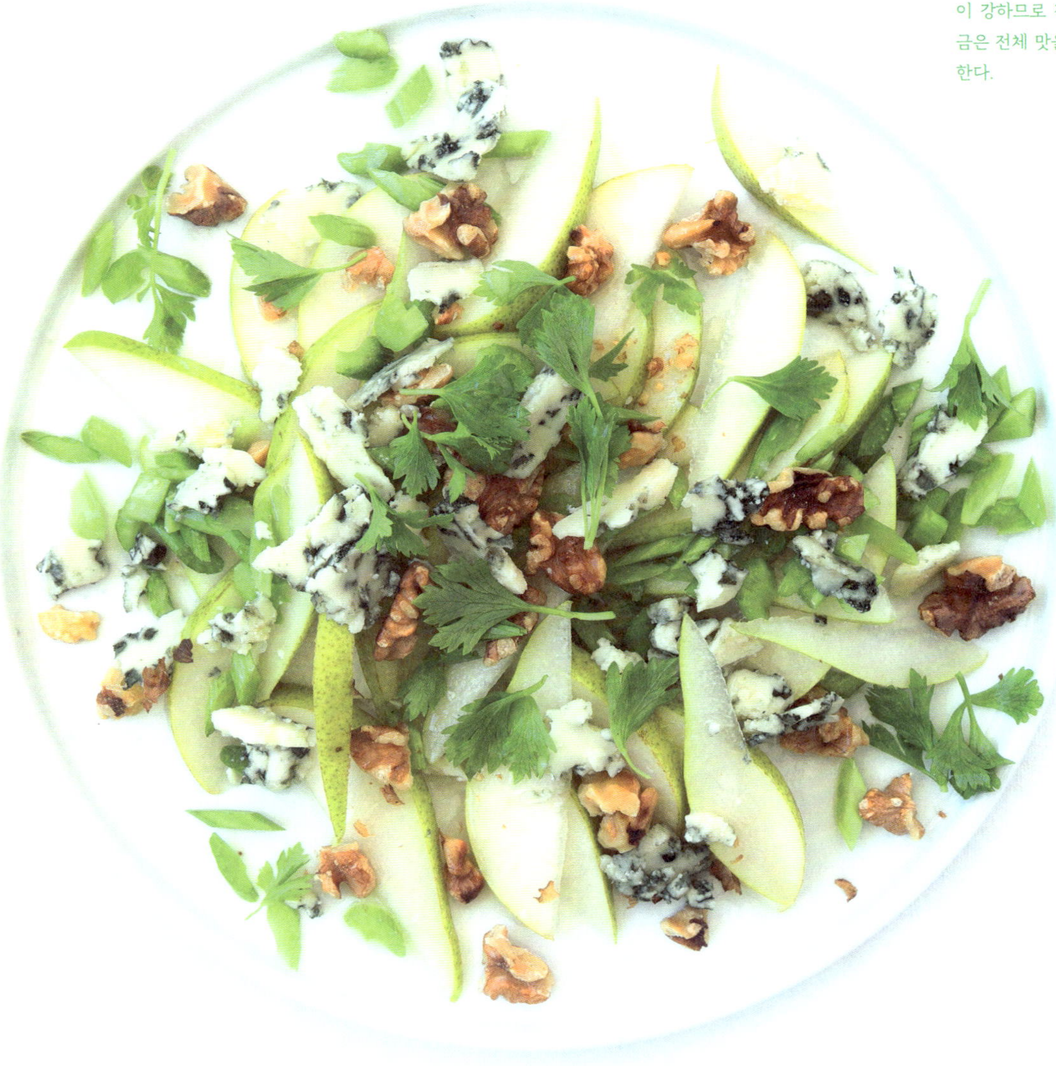

83

소스 큰 볼에 레몬즙, 헤이즐넛 오일, 소금을 넣고 잘 섞는다.
배와 셀러리, 호두를 소스에 함께 넣고 살살 섞는다. 후추도 조금 뿌린다(입맛에 따라 소금도 첨가한다).
샐러드 접시에 따로 담은 뒤 으깬 로크포르 치즈를 올리고 낸다.

초리조 파프리카 병아리콩 샐러드 CHORIZO, POIVRON ET POIS CHICHES

84

2~4인분

초리조 200g 길게 2등분 한 뒤 작게 썬다.

빨간 파프리카 120g 씨를 제거하고 얇게 썬다.

병아리콩 300g 익힌 뒤 찬물에 헹구고 물기를 뺀다. 통조림 제품일 경우 물기를 빼서 사용한다.

소스 🌢 기본 비네그레뜨 소스 만드는 방법은 150쪽을 참고하되 식초는 셰리식초를 넣는다. 식물성 오일은 빼고 올리브오일 3큰술을 넣는다.

파프리카 가루 ½작은술

다진 마늘 2g(마늘 1쪽)

이태리 파슬리 20g 잘게 다진다.

소금, 후추 약간씩

85

소스 비네그레뜨 소스와 파프리카 가루, 으깬 마늘을 한데 넣고 잘 섞는다.
큰 볼에 나머지 모든 재료를 담고 소스를 충분히 부은 뒤 골고루 버무린다.
20분 동안 맛이 밸 때까지 그대로 두었다가 샐러드 접시에 따로 담아서 낸다.

염소 치즈 호박 샐러드 COURGETTE ET CHÈVRE

2~4인분

호박(모양 다양하게) 500g 얇고 동그랗게 썬다.
프레쉬 염소 치즈(일반 치즈도 가능) 80g
유자즙(또는 레몬즙) 2큰술
엑스트라 버진 올리브오일 90㎖
다진 마늘 2g(마늘 1쪽)
타임 3줄기 곱게 다진다.
구운 잣 2큰술
바질 1줌
레몬 제스트(레몬 ½개) 곱게 다진다.
소금, 후추 약간씩

86

볼에 유자즙, 올리브오일, 마늘, 타임, 소금, 후추를 넣고 섞은 다음 호박을 넣고 30분 동안 마리네이드 한다.

호박을 꺼내 샐러드 접시에 담고 담근 물은 소스로 사용한다.

염소 치즈, 잣, 바질, 레몬 제스트를 위에 올린다.

입맛에 따라 소스를 조금씩 뿌린 뒤 아주 차갑게 해서 먹는다.

염소 치즈 비트 샐러드 BETTERAVE ET CHÈVRE

2~4인분

비트 250g 익힌 뒤 얇고 동그랗게 썬다.
염소 치즈 250g 살짝 으깨거나 얇게 자른다.
적양파 1개 2등분 한 뒤 얇게 채 썬다.
소스 기본 비네그레뜨 소스 만드는 방법은 150쪽 참고.
다진 에스트라공(타라곤) 1큰술 몇 개는 장식용으로 남긴다.
후추 약간

비트는 씻어서 찬물에 넣고 20~30분
정도 삶는다. 크기에 따라 삶는 시간이
다르니 꼬치로 찔러 보아 부드럽게 들
어가면 익은 상태다.

적양파는 물에 10분간 담가 놓은 후 꺼낸 다음 물기를 완전히 제거한다.
소스 ◊ 비네그레뜨 소스와 다진 에스트라공을 한데 넣고 잘 섞는다.
샐러드 접시에 비트, 양파, 염소 치즈를 담는다.
소스를 뿌린 다음 남은 에스트라공 잎을 올리고 후추를 살짝 뿌린 뒤 낸다.

오리 콩피 오렌지 샐러드 CANARD, ORANGE ET NOIX

2인분

오리 콩피 100g 길게 썬다.

앤다이브 잎 10장 잎이 크면 2등분 한다.

호두 20g 구운 다음 2~3등분 한다.

어린잎 1줌

오렌지 1개 살만 발라낸 다음 동그랗게 슬라이스한다.

호두 오일 3큰술

셰리 식초 2큰술

오렌지 꽃물 1큰술(생략 가능)

오렌지 제스트(오렌지 ½개) 곱게 다진다.

오렌지즙(오렌지 ½개)

소금, 후추 약간씩

소스 호두 오일, 식초, 오렌지 꽃물, 오렌지 제스트, 오렌지즙을 한데 넣고 잘 섞는다.
샐러드 접시에 나머지 재료들을 담는다. 재료에 골고루 묻도록 소스를 넉넉히 붓는다.
입맛에 따라 소금, 후추를 첨가한다.

리코타 치즈 래디쉬 샐러드 RADIS, POIS ET RICOTTA

2~4인분

래디쉬 250g 만돌린을 이용해 얇고 균일하게 썬다.

리코타 치즈 200g 으깬다.

완두콩 1줌 익힌 뒤 찬물에 헹구고 물기를 뺀다.

완두콩 잎 60g

소스 🌢 기본 비네그레뜨 소스 만드는 방법은 150쪽 참고.

헤이즐넛 오일 1큰술

레몬즙(취향에 따라 선택)

소금, 후추 약간씩

소스 🫗 비네그레뜨 소스와 헤이즐넛 오일을 한데 넣고 잘 섞는다.

샐러드 접시에 래디쉬, 완두콩잎, 완두콩을 담는다.

소스를 넉넉히 뿌리고 소금과 후추로 간한 뒤 취향에 따라 레몬즙을 첨가한다.

으깬 리코타 치즈를 올리고 낸다.

카프레제 샐러드 SALADE CAPRESE

94

2~4인분

완숙 토마토(모양과 색깔 다양하게) 800g 얇게 슬라이스한다.
모짜렐라 치즈(또는 부라타치즈) 2덩어리
바질잎 1줌
올리브오일 1~2큰술
소금, 후추 약간씩

샐러드 접시에 토마토를 담고 소금을 뿌린다.
모짜렐라 치즈를 먹기 좋은 크기로 자른 뒤 토마토 옆에 놓는다.
바질잎을 위에 올리고 입맛에 따라 소금, 후추를 뿌린다.
올리브 오일을 전체적으로 두르고 낸다.

그리스식 샐러드 SALADE GRECQUE

2~4인분

완숙 토마토 250g 먹기 좋은 크기로 3~4등분 한다.

페타 치즈 150g 으깬다.

오이 1개 길게 반으로 가른 뒤 어슷하게 썬다.

블랙 올리브 20개 씨를 제거한 뒤 반으로 가른다.

적양파 ½개 얇게 채 썬다.

소스 🍶 기본 비네그레뜨 소스 100㎖ 만드는 방법은 150쪽을 참고하되 식초는 레드와인식초를 넣는다.

다진 오레가노 2큰술

레몬 콩피 1개(생략 가능) 껍질만 채 썬 뒤 다진다.

소금 약간

비네그레뜨 소스에 양파를 넣고 20분간 마리네이드한다. 양파를 꺼낸 뒤 물기를 닦고 마리네이드한 소스는 따로 보관한다.
샐러드 접시에 토마토를 담고 소금을 살짝 뿌린다. 오이, 올리브, 오레가노, 마리네이드한 양파를 올린다.
(양파와 마리네이드해 둔) 비네그레뜨 소스를 넉넉히 붓고 페타 치즈와 레몬 콩피를 올린다.

바닷가재 트러플 아스파라거스 샐러드 HOMARD, TRUFFE ET ASPERGE

2~4인분

바닷가재 2개 찜통에 찐 후 껍질을 제거하고 살을 동그랗게 썬다.

감자 200g 찜통에 찐 후 얇게 슬라이스한다.

아스파라거스 80g 길게 2등분 한다.

어린잎(또는 작은 샐러드잎) 4줌

마요네즈 소스 100㎖ 만드는 방법은 158쪽 참고.

트러플 오일 약간(생략 가능)

올리브오일 2큰술

레몬즙 넉넉하게

블랙 트러플 약간 얇게 썬다.

소금, 후추 약간씩

소스 마요네즈와 트러플 오일, 약간의 물을 한데 넣고 잘 섞어 마요네즈 소스를 만든다.

바닷가재 살은 마요네즈 소스 2큰술을 넣고 버무려 둔다.

아스파라거스와 어린잎은 오일과 소금, 후추를 넣고 버무려 둔다.

감자는 마요네즈 소스 2큰술을 넣고 버무려 둔다.

샐러드 접시에 바닷가재 살을 올리고 아스파라거스와 어린잎을 올린다.

감자를 바닷가재 살 주변에 놓고 남은 마요네즈 소스와 레몬즙을 뿌린다.

마지막으로 얇게 썬 트러플 버섯을 군데군데 올린다.

타이식 닭고기 땅콩 소스 샐러드 SALADE THAÏE SAUCE CACAHUÈTE

2~4인분

닭살코기 200g 익혀서 얇게 썬다.

아삭한 샐러드 상추 65g

빨간 파프리카 ½개 채 썬다.

삶은 달걀 2개 2등분 한다.

쪽파 3개 길게 채 썬다.

오이 150g 얇고 길쭉하게 채 썬다.

숙주나물 40g

소스 매콤한 땅콩 버터 소스 만드는 방법은 168쪽 참고.

땅콩 2큰술 구워서 굵게 으깬다.

붉은 고추 1~2개 얇고 동그랗게 썬다.

샐러드 접시에 땅콩과 붉은 고추를 제외한 모든 재료를 담는다.
소스 일부를 재료 위에 붓고 땅콩과 붉은 고추를 뿌린다.
남은 소스를 마저 붓거나 별도의 그릇에 담아서 낸다.

채소와 과일 샐러드

LÉGUMES

오로지 채소만 넣어도 맛있는 샐러드를 만들 수 있다.
단, 최상의 맛을 내려면 신선하고 질 좋은 재료를 사용하고
특별한 언급이 없는 한 소스는 먹기 직전 뿌려야 한다.

순수 그린 샐러드 SALADE TOUTE VERTE

104

2~4인분

다양한 잎채소(약간의 허브를 포함 루클라, 미주나, 민들레, 시금치, 크레쏭, 어린잎 등을 골고루) 1줌
아삭한 상추 4줌
소스🔻 기본 비네그레뜨 소스 100㎖ 만드는 방법은 150쪽 참고.
소금, 후추 약간씩

큰 접시에 비네그레뜨 소스 ½을 넣고 잎채소와 허브를 담는다.
나머지 소스를 붓고 살살 섞는다.
입맛에 따라 소금, 후추를 첨가하고 바로 낸다.

아보카도 버터넛 호박 샐러드 AVOCAT & BUTTERNUT PIQUANTE

106

2~4인분

버터넛 호박 400g 껍질을 벗겨 씨를 빼고 곱게 채 썬다.

아보카도 2개 아보카도는 씨와 껍질을 제거하고 2등분 한 뒤 작게 썬다.

호박씨 25g

소스 레몬 할라피뇨 소스 180㎖ 만드는 방법은 166쪽 참고.

소금, 후추 약간씩

샐러드 볼에 호박과 호박씨를 담고 소스를 충분히 부은 뒤 골고루 섞는다.

소금, 후추로 간하고 10분 정도 그대로 둔다.

아보카도를 넣고 소스를 추가한 뒤 한번 더 살살 섞는다.

맛을 본 뒤 입맛에 따라 소금, 후추를 첨가하고 바로 낸다.

토마토 시금치 산딸기 소스 샐러드 TOMATE, ÉPINARDS & FRAMBOISE

108

2~4인분

토마토(모양과 색깔 다양하게) 300g 크기에 따라 먹기 좋게 자른다.

어린 시금치 60g

산딸기 식초 1큰술

헤이즐넛 오일 1½큰술

올리브오일 1½큰술

타임 뮤즐리 만드는 방법은 180쪽 참고.

소금, 후추 약간씩

소스 식초와 오일, 소금, 후추를 한 데 넣고 잘 섞는다.
샐러드 접시에 토마토와 시금치를 담고 소스를 충분히 부은 뒤 골고루 섞는다.
타임이 들어간 뮤즐리를 올리고 바로 낸다.

오이 캐슈넛 샐러드 CONCOMBRE & CAJOU

2~4인분

오이 작은 것 3개 만돌린으로 얇고 동그랗게 썬다.

캐슈넛 50g 구워서 굵게 으깬다.

라임즙(또는 레몬즙) 2큰술

느억맘● 2작은술

설탕 ½큰술

붉은 고추 1개 얇고 동그랗게 썬다.

다진 마늘 1g(마늘 ½쪽)

식물성 오일 1큰술

소금 크게 1꼬집

●**느억맘**(Nouc-mam) 베트남, 타일랜드, 캄보디아, 라오스 요리에 주로 쓰이는 소스로 작은 생선을 발효시켜 만든 베트남 어장(fish sauce). 스프링롤 등에 곁들여 먹는다.

체에 오이를 올리고 소금을 뿌린 뒤 30분 정도 그대로 두었다가 손으로 물기를 꼭 짠다.

샐러드 접시에 오이와 캐슈넛 ½을 담는다.

소스 라임즙, 느억맘, 고추, 설탕, 마늘, 오일, 소금을 한데 넣고 잘 섞는다.

오이에 골고루 묻도록 소스를 충분히 붓는다.

남은 캐슈넛을 얹고 바로 낸다.

펜넬 자몽 샐러드 FENOUIL & PAMPLEMOUSSE

112

2~4인분

자몽 2개 칼로 겉과 속껍질을 벗기고 살만 발라내 2등분 한 뒤 동그랗게 썬다.

펜넬 2개 심지를 제거하고 2등분 한 뒤 가늘게 썬다. 꽃과 잎이 있을 경우 따로 떼어놓는다.

아몬드 20g 구워서 굵게 으깬다.

소스 🍶 기본 비네그레뜨 소스 만드는 방법은 150쪽 참고.

꿀 2작은술

소금, 후추 약간씩

소스 식초와 꿀을 한데 넣고 잘 섞는다.

오목한 샐러드 접시에 자몽과 펜넬, 아몬드를 담는다(아몬드는 조금 남겨 둔다).

소스를 충분히 붓고 입맛에 따라 소금, 후추를 첨가한다.

남은 아몬드, 펜넬잎, 펜넬꽃을 뿌리듯 얹고 바로 낸다.

토마토 양파 피망 샐러드 TOMATE, OIGNON ET POIVRON

114

2인분

방울토마토 325g 2등분 한다.

오이 ½개 길게 반으로 가른 뒤 반달 모양으로 썬다.

피망 1개 잘게 썬다.

붉은 고추 1개 잘게 썬다.

적양파 1개 잘게 썬다.

고수잎 2큰술 잘게 다진다.

민트잎 2큰술 잘게 다진다.

소스 🍶 중동 소스 만드는 방법은 156쪽 참고.

레몬즙(취향에 따라)

소금, 후추 약간씩

소스 레몬즙과 중동 소스를 한데 넣고 잘 섞는다.

넓은 샐러드 접시에 손질한 재료들을 담는다. 재료에 골고루 묻도록 소스를 충분히 붓는다.

입맛에 따라 소금, 후추, 레몬즙을 첨가하고 바로 낸다.

곱슬 케일 마리네이드 샐러드 KALE MARINÉ

2~4인분

곱슬 케일(모양 다양하게) 200g 가로로 작게 썬다.

헤이즐넛 60g 껍질을 제거하고 굵게 으깬다.

소스🍯 기본 비네그레뜨 소스 200㎖ 만드는 방법은 150쪽 참고.

꿀 1½큰술

고춧가루 1작은술

오렌지 제스트(오렌지 1개) 곱게 다진다.

소스 비네그레뜨 소스와 꿀, 고춧가루, 오렌지 제스트를 한데 넣고 잘 섞는다.
샐러드 접시에 케일과 소스를 넣고 골고루 섞은 다음 간이 밸 때까지 그대로 둔다.
*케일의 크기와 굵기에 따라 마리네이드하는 시간이 다르므로 원하는 만큼 간이 밸 때까지 기다린다.
마지막에 헤이즐넛을 뿌리고 바로 낸다.

적양배추 커민 샐러드 CHOU CRU AU CUMIN

2~4인분

적양배추 200g 곱게 채 썬다.

당근 1~2개 120g 길게 채 썬다.

빨간 사과 1개 씨 부분을 제거하고 껍질째 얇게 채 썬다.

소스 🌢 기본 비네그레뜨 소스 100㎖ 만드는 방법은 150쪽을 참고하되 식초는 레드와인식초를 넣는다.

커민 씨 2큰술 가볍게 으깬다.

소금, 후추 약간씩

10월~
이듬해 1월

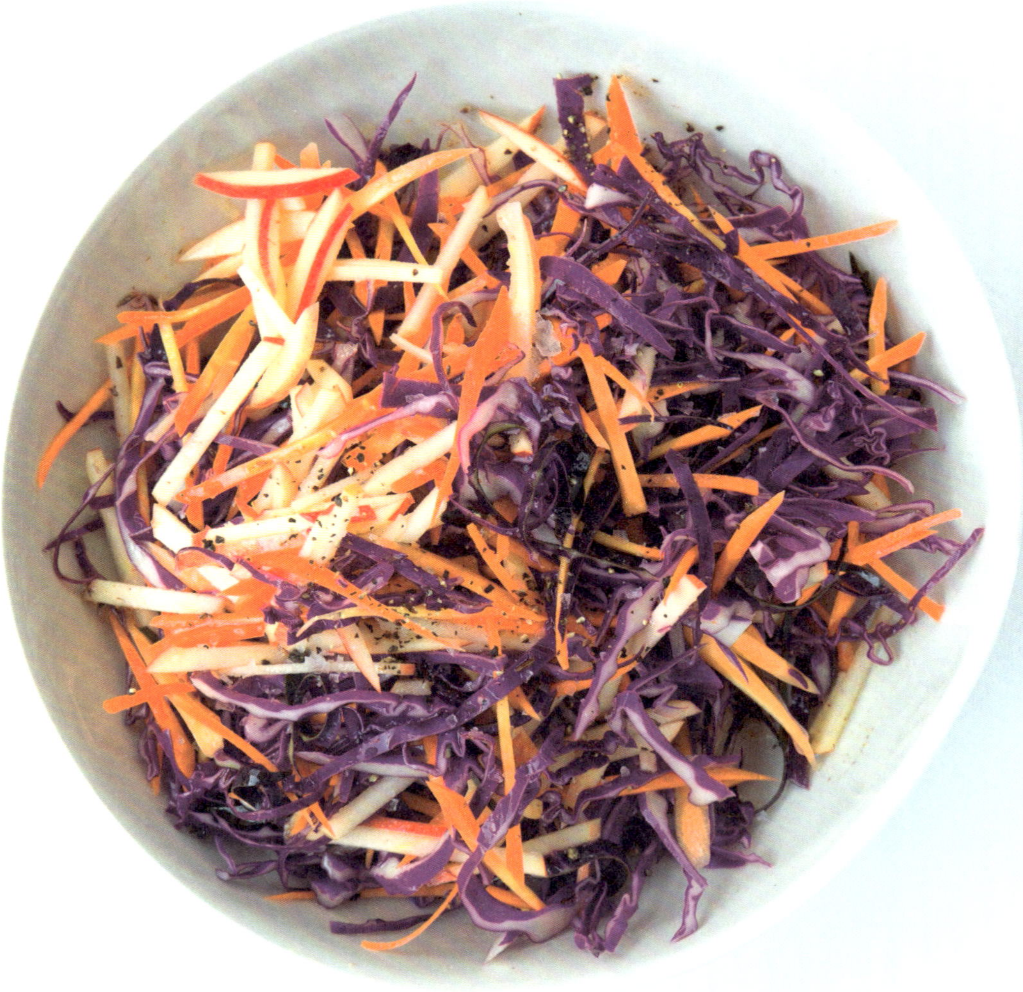

소스 비네그레뜨 소스와 커민 씨를 한데 넣고 잘 섞는다.
샐러드 접시에 적양배추와 당근, 사과를 담는다.
재료에 골고루 묻도록 소스를 충분히 붓고 입맛에 따라 소금, 후추를 첨가한다.
간이 밸 때까지 20분 동안 두었다가 다른 접시에 옮겨 담거나 그대로 낸다.

콜리플라워 당근 샐러드 TABOULÉ DE CHOU-FLEUR

120

2~4인분

콜리플라워 ½개(약 450g) 딱딱한 부분을 제거하고 아주 작게 썬다.

작은 당근 1~2개 작고 네모지게 썬다.

비트 160g 껍질을 벗기고 다지듯 작게 썬다.

피스타치오 4큰술 굵게 으깬다.

이태리 파슬리 20g 잘게 다진다.

레몬즙 60㎖

시금치 어린잎 20장 곱게 채 썬다.

민트잎 15g 채 썬다.

엑스트라 버진 올리브오일 약 60㎖

소금, 후추 약간씩

넓은 샐러드 접시에 콜리플라워와 레몬즙, 소금 1꼬집을 넣고 잘 섞은 다음 30분 정도 그대로 둔다.

당근과 비트, 허브, 후추를 위에 얹고 재료에 골고루 묻도록 오일을 충분히 두른다.

입맛에 따라 소금, 후추, 레몬즙을 첨가한다.

굵게 으깬 피스타치오를 뿌리고 바로 낸다.

아보카도 토마토 샐러드 GUACAMOLE REVISITÉ

2~4인분

상추(로메인 상추) 6장 2~3등분 한다.

아보카도 2개 껍질과 씨를 제거한 뒤 얇고 길게 자른다.

토마토 2개 씨를 빼고 작게 썬다.

적양파 1개 2등분 한 뒤 얇게 채 썬다.

소스 🌢 기본 비네그레뜨 소스 100㎖ 만드는 방법은 150쪽을 참고하되 식초 대신 레몬즙을 넣는다.

라임 또는 레몬 제스트 3개 곱게 다진다.

라임 또는 레몬즙 약간(취향에 따라 생략 가능)

붉은 고추 1개 씨를 제거하고 다지듯 작게 썬다.

다진 마늘 2g(마늘 1쪽)

고수 1줌

소금, 후추 약간씩

양파를 물에 10분 정도 담근 후 건져 물기를 뺀다.
오목한 샐러드 접시에 비네그레뜨, 라임 제스트, 붉은 고추, 마늘을 넣고 잘 섞는다.
토마토, 고수, 상추, 물기 뺀 양파를 넣고 골고루 버무린다.
아보카도를 살짝 얹는다.
입맛에 따라 라임즙, 소금, 후추를 첨가하고 바로 낸다.

복숭아 토마토 모짜렐라 샐러드 PÊCHE, TOMATE ET MOZZARELLA

2~4인분

완숙 토마토 4개 얇게 자른다.
복숭아 4개 복숭아는 깨끗이 씻어서 씨를 제거하고 얇게 썬다.
모짜렐라 치즈 1덩어리(125g)
레몬즙(레몬 1개)
올리브오일 약간
바질잎 1줌
소금, 후추 약간씩

샐러드 접시에 토마토를 올리고 소금을 살짝 뿌린다.

복숭아를 얹고 레몬즙을 살짝 뿌린다.

모짜렐라 치즈를 2등분 하거나 덩어리째 접시 한쪽에 놓는다. 치즈 위에 올리브오일을 살짝 뿌린다.

입맛에 따라 소금, 후추로 간한다.

바질잎을 뿌리고 바로 낸다.

당근 피스타치오 샐러드 CAROTTES & PISTACHES

126

2~4인분

당근 300g 길게 채 썬다.
건포도 60g
피스타치오 4큰술
고수 40g 굵게 다지듯 썬다.
소스🍶 중동 소스 만드는 방법은 156쪽 참고.
소금, 후추 약간씩

샐러드 접시에 당근, 피스타치오, 건포도, 고수를 담는다.
재료에 골고루 묻도록 소스를 충분히 붓고 입맛에 따라 소금, 후추를 첨가한다.
간이 밸 때까지 15분 정도 그대로 두었다가 낸다.

수박 펜넬 샐러드 PASTÈQUE & FENOUIL

128

2~4인분

수박 800g 먹기 좋은 크기로 작게 자른다.

펜넬 100g 곱게 채 썬다.

라임즙(또는 레몬즙) 90㎖

할라피뇨 2개 얇고 동그랗게 썬다.

올리브오일 2큰술

꿀 1작은술

민트잎 1줌 얇게 채 썰고 일부는 장식용으로 남긴다.

소금, 후추 약간씩

큰 샐러드 접시에 손질한 수박과 펜넬을 담는다.
소스 라임즙, 할라피뇨, 올리브오일, 꿀, 채썬 민트잎을 한데 넣고 잘 섞는다.
수박과 펜넬에 골고루 묻도록 소스를 넉넉히 붓는다.
민트잎을 얹고 냉장고에 차갑게 두었다가 낸다.

토마토 셀러리 샐러드 TOMATES AU VINCOTTO

2~4인분

토마토(모양과 색깔 다양하게) 700g 큰 토마토는 동그랗게 자르고, 작은 토마토는 2~3등분 한다.

포도 시럽(와인을 조린 소스) 1½큰술

셀러리 잎(또는 참나물 잎) 작게 1줌 작게 썬다.

올리브오일 60㎖

레드와인식초 2작은술

소금, 후추 약간씩

오목한 샐러드 접시에 토마토를 담고 소금을 뿌린 뒤 10분 정도 그대로 둔다.

소스 올리브오일과 포도 시럽, 식초를 한데 넣고 잘 섞는다.

토마토를 담아 둔 접시에 셀러리잎을 군데군데 올린다. 재료에 골고루 묻도록 소스를 넉넉히 붓는다.

입맛에 따라 소금, 후추, 소스를 첨가하고 바로 낸다.

앤다이브 파르씨 샐러드 ENDIVES FARCIES

132

2~4인분

앤다이브 잎 16장
피스타치오 100g 구워서 곱게 다진다.
빨간 사과 1개 껍질째 얇고 곱게 채 썬다.
기본 비네그레뜨 소스 100㎖ 만드는 방법은 150쪽 참고.
꿀 2작은술
이태리 파슬리 30g 곱게 다진다.
민트 30g 곱게 다진다.
적양파 50g 곱게 다진다.
말린 구기자 30g
소금, 후추 약간씩

🌿 파르씨(Farci) 채소나 과일의 속을
판 뒤 고기와 채소, 치즈 등으로 속을
채우는 요리. 여기에서는 앤다이브
잎의 오목한 모양을 살려 그 안을 샐
러드로 채웠다.

소스 🍯 비네그레뜨 소스와 꿀을 한데 넣고 잘 섞는다.

볼에 피스타치오, 파슬리, 민트, 양파, 사과 그리고 구기자를 넣고 골고루 섞는다.

그 위에 소스를 충분히 붓고 골고루 섞은 뒤 입맛에 따라 소금, 후추를 첨가한다.

샐러드 접시에 앤다이브 잎을 먼저 올리고 버무린 샐러드를 배분하여 잎마다 올린 뒤 바로 낸다.

오렌지 레몬 허브 샐러드 HERBES, AGRUMES ET GRAINES

134

2~4인분

레몬 1개 껍질을 벗기고 과육만 칼로 발라낸다.
오렌지 1개 껍질을 벗기고 과육만 칼로 발라낸다.
민트잎 1줌 굵직하게 썬다.
파슬리 1줌 굵직하게 썬다.
딜 1묶음 굵직하게 썬다.
에스트라공 1묶음 굵직하게 썬다.
소스 🍶 기본 비네그레뜨 소스 만드는 방법은 150쪽을 참고하되 식초는 셰리 식초를 넣는다.
씨앗류(해바라기, 호박씨 등을 섞어서) 3큰술

샐러드 접시에 비네그레뜨 소스를 붓고 씨앗류를 뺀 모든 재료를 넣고 살살 섞는다.
씨앗류를 위에 뿌리고 바로 낸다.

케일 토마토 병아리콩 샐러드 KALE, TOMATE ET POIS CHICHES

136

2~4인분

병아리콩 200g 익힌 뒤 찬물에 헹구고 물기를 뺀다. 통조림 제품의 경우 찬물에 헹군 뒤 물기를 빼고 사용한다.

어린 케일 4줌

방울토마토 30개 2등분 한다

타히니 3큰술

레몬즙 2큰술

다진 마늘 1g(마늘 ½쪽)

소금, 후추 약간씩

소스 타히니, 레몬즙, 마늘, 소금, 후추를 한데 넣고 섞은 다음 찬물 50㎖를 넣고 잘 젓는다.
샐러드 접시에 케일, 토마토, 병아리콩을 담는다. 소스를 충분히 붓고 골고루 섞는다.
입맛에 따라 소금, 후추, 레몬즙을 첨가한다.
15분(혹은 그 이상) 정도 그대로 두었다가 맛이 배면 바로 낸다.

피렌체식 샐러드 SALADE FLORENTINE

138

2~4인분

완숙 토마토(크기 다양하게) 700g 크기에 따라 4~6등분 한다.

오이 1개 길게 반으로 가른 뒤 어슷하게 썬다.

앤초비(오일에 담긴) 2개 곱게 다진다.

허브 크루통 150g 만드는 방법은 172쪽 참고.

바질잎 1줌

소스 기본 비네그레뜨 소스 100㎖ 만드는 방법은 150쪽 참고.

으깬 마늘 2g(마늘 1쪽)

소금, 후추 약간씩

소스 🌢 비네그레뜨 소스, 마늘, 앤초비를 한데 넣고 잘 섞는다.

토마토를 채반 위에 올리고 숟가락으로 살짝 눌러 즙을 받은 뒤 소스에 섞는다.

샐러드 접시에 토마토, 오이, 허브 크루통, 바질잎을 담은 뒤 소스를 붓고 골고루 섞는다.

입맛에 따라 소금, 후추를 첨가하고 15분 정도(혹은 그 이상) 그대로 두었다가 맛이 배면 낸다.

래디쉬 허브 요거트 샐러드 RADIS & YAOURT AUX HERBES

2~4인분

래디쉬 280g 얇고 동그랗게 썬다.

시금치(또는 어린잎) 12장 얇게 썬다.

그릭 요거트 120g

올리브오일 20㎖

다진 마늘 4g(마늘 2쪽)

이태리 파슬리 4큰술 굵게 썬다.

레몬즙(입맛에 따라 양 조절)

소금, 후추 약간씩

샐러드 볼에 요거트, 오일, 마늘, 허브, 소금, 후추를 넣고 잘 섞는다.
래디쉬를 올리고 레몬즙을 뿌린다.
입맛에 따라 소금, 후추를 첨가하고 골고루 섞는다.
냉장고에서 아주 차갑게 보관한 뒤 낸다.

오이 미역 샐러드 CONCOMBRE & ALGUE

142

2~4인분

건 미역 30g

오이 2개 채칼이나 만돌린으로 얇고 길게 썬다.

쌀 식초 4큰술

간장 ½작은술

설탕 1큰술

다시물 1큰술

참기름 1작은술

검은 통깨 1작은술

소금 1작은술

미역은 20분 동안 물에 담가 불리고 한 번 헹군 뒤 건져낸다.

미역의 딱딱한 줄기 부분을 제거하고 먹기 좋게 썬 뒤 물에 한 번 더 헹구고 물기를 뺀다.

오이는 소금을 뿌려 10분 동안 그대로 두었다가 물에 한 번 헹군 뒤 물기를 뺀다.

소스 쌀 식초, 간장, 설탕, 다시물, 참기름을 한데 넣고 잘 섞는다.

샐러드 접시에 미역과 오이를 담고 소스를 뿌린 뒤 골고루 버무린다.

검은 통깨를 뿌리고 낸다.

방울 양배추 배 구기자 샐러드 CHOU DE BRUXELLES & POIRE

144

2~4인분

방울 양배추 400g 얇게 채 썬다.

배 1개(작을 경우 2개) 껍질을 벗기고 만돌린으로 얇게 채 썬다.

피칸 호두 80g 굵게 으깬다.

구기자(말린) 40g

소스 🍶 기본 비네그레뜨 소스 100㎖ 만드는 방법은 150쪽을 참고하되 식초 대신 레몬즙을 넣는다.

꿀 2작은술

소금, 후추 약간씩

소스 비네그레뜨 소스와 꿀을 한데 넣고 잘 섞는다.

샐러드 접시에 방울 양배추, 피칸 호두, 구기자를 담고 골고루 섞는다.

배를 넣고 재료에 골고루 묻도록 소스를 충분히 붓는다.

입맛에 따라 소금, 후추를 첨가하고 바로 낸다.

브로콜리 건포도 샐러드 BROCOLI, RAISINS ET ANCHOIS

146

2~4인분

브로콜리(꽃과 줄기 포함) 800g 잘 씻은 뒤 작은 꽃 모양대로 자르고 줄기는 길게 썬다. 데치거나 날 것으로 준비한다.

앤초비(오일에 담긴) 3~4개 잘게 다진다.

건포도 80g

잣 40g

사프란(safran, saffron) 꽃수술 또는 가루 약간

소스 기본 비네그레뜨 소스 100㎖ 만드는 방법은 150쪽 참고.

작은 볼에 따뜻한 물 1큰술과 사프란을 넣고 사프란 물을 우린다.

샐러드 접시에 손질한 브로콜리를 담고 건포도와 잣을 올린다.

소스 비네그레뜨 소스와 사프란 물, 앤초비를 한데 넣고 부드러워지질 때까지 잘 섞는다.

샐러드에 소스를 부은 뒤 바로 낸다.

소스와 비법

SAUCES & BOTTES SECRÈTES

맛있는 샐러드의 비밀은 소스에 있다. 소스는 샐러드에 들어간 모든 재료를 연결한다.

맛있는 샐러드의 또 다른 비밀은 가니쉬다.

샐러드에 가니쉬를 곁들이면 샐러드의 풍미와 질감이 좋아진다.

기본 비네그레뜨 소스 VINAIGRETTE SIMPLE

150

약 50㎖

화이트 와인 식초 1큰술
디종 머스터드 ½작은술
식물성 오일 2큰술
올리브오일 1큰술
소금, 후추 약간씩

뚜껑이 있는 병에 모든 재료를 넣고 잘 섞일 때까지 힘껏 흔든다.

허브(에스트라공, 부추, 에샬로뜨 등)를 곱게 다져 넣거나 화이트 와인 식초 대신 레드 와인 식초나 레몬즙을 넣는 등 다양하게 응용할 수 있다.

요거트 소스 YAOURT TWISTÉ

152

약 120g

그릭 요거트 100g

훈제 파프리카 가루 ½작은술

다진 마늘 2g(마늘 1쪽)

레몬 제스트 약간 곱게 다진다.

레몬즙(레몬 ½개)

올리브오일 1큰술

커민 가루 ½작은술

소금, 후추 약간씩

소스 볼에 모든 재료를 넣고 부드러워질 때까지 충분히 휘젓는다.

또는 뚜껑이 있는 병에 모든 재료를 넣고 잘 섞일 때까지 힘껏 흔든다.

고수를 잘게 썰어 넣거나 파프리카와 커민 가루 대신 부추, 파슬리, 민트, 쳐빌, 오레가노, 타임 등의 허브를 곱게 썰어 넣어도 좋다.

타이식 비네그레뜨 소스 VINAIGRETTE THAÏE

154

약 45㎖

붉은 고추 1~2개 얇고 동그랗게 썬다.
야자 설탕(또는 갈색 설탕) ½큰술
유자즙 또는 라임즙 2큰술
참기름 1큰술
느억맘 소스 ½큰술
다진 마늘 2g(마늘 1쪽)

뚜껑이 있는 병에 모든 재료를 넣고 잘 섞일 때까지 힘껏 흔든다.
소스는 냉장고에 보관하고 며칠 내로 먹는다.

중동 소스 MOYEN-ORIENT

156

약 75㎖

다진 마늘 2g(마늘 1쪽)
파프리카 가루 ½작은술
커민가루 ½작은술
옻 가루 ½큰술
올리브오일 4큰술
레몬즙 2큰술
소금 약간

뚜껑이 있는 병에 모든 재료를 넣고 잘 섞일 때까지 힘껏 흔든다.
소스는 냉장고에 보관하고 며칠 내로 먹는다.

마요네즈 소스 MAYONNAISE

158

약 300㎖

달걀노른자 2개
식물성 오일 250㎖
레몬즙 1큰술
올리브오일 2큰술
디종 머스터드 수북하게 1작은술
소금 크게 1꼬집

소스 볼에 노른자와 레몬즙, 소금을 넣고 전동 거품기나 손 거품기를 이용해 크림 상태가 될 때까지 휘젓는다.
오일을 조금씩 흘려 넣으며 걸쭉하고 옅은 노란색을 띨 때까지 계속 섞는다.
머스터드를 넣은 다음 레몬즙과 소금은 간을 봐가며 양을 조절해 넣는다.
샐러드에 넣기 전까지 냉장고에 신선하게 보관한다.

유자 소스 YUZU

약 120㎖

포도씨유(또는 식용유) 90㎖
유자즙 3큰술
다진 마늘 1g(마늘 ½쪽)
소금, 후추 약간씩

뚜껑이 있는 병에 모든 재료를 넣고 잘 섞일 때까지 힘껏 흔든다.
소스는 냉장고에 보관하고 며칠 내로 먹는다.

미소 생강 소스 MISO ET GINGEMBRE

약 110㎖

식물성 오일 60㎖

레몬즙 2큰술

흰 된장 2큰술

일본간장 또는 저염 소금 ½작은술

쌀 식초 1큰술

참기름 1작은술

다진 생강 1작은술

쪽파 1대 곱게 다진다.

162

뚜껑이 있는 병에 모든 재료를 넣고 잘 섞일 때까지 힘껏 흔든다.
소스는 냉장고에 보관하고 며칠 내로 먹는다.

앤초비 소스 ANCHOIS

164

약 100㎖

기본 비네그레뜨 소스 50㎖ 만드는 방법은 150쪽 참고.
앤초비(오일에 담긴) 3개 오일을 제거하고 곱게 다진다.
달걀노른자 1개
파마산 치즈 가루 2큰술

뚜껑이 달린 병에 비네그레뜨 소스 50㎖와 다진 앤초비를 넣는다.
앤초비가 분해될 때까지 충분히 흔든다.
달걀 노른자와 파마산 치즈 가루를 넣은 다음 재료가 골고루 섞이도록 다시 한번 잘 흔든다.

라임(레몬) 할라피뇨 소스 CITRON VERT ET PIMENT

약 90㎖

에샬로뜨 1개 곱게 다진다.

다진 고수 4큰술

곱게 썬 할라피뇨 1큰술

올리브오일 2큰술

그릭 요거트 2큰술

라임즙(레몬즙) 2큰술

다진 마늘 1g(마늘 ½쪽)

후추 약간

뚜껑이 있는 병에 모든 재료를 넣고 잘 섞일 때까지 힘껏 흔든다.
소스는 냉장고에 보관하고 며칠 내로 먹는다.

매콤한 땅콩 버터 소스 SAUCE PIQUANTE AUX CACAHUÈTES

168

약 300㎖

쌀식초 60㎖

땅콩버터 75g

라임즙 1큰술

식용유 120㎖

순한 칠리소스 2~3큰술

곱게 채 썬 생강 2작은술

간장 20㎖

참기름 2작은술

다진 고수 2큰술

소금, 후추 약간씩

뚜껑이 있는 병에 모든 재료를 넣고 땅콩버터가 잘 섞이도록 힘껏 흔든다.

입맛에 따라 소금, 후추, 라임즙을 추가한다.

소스는 냉장고에 보관하고 며칠 내로 먹는다.

견과류 강정 FRUITS SECS ET MIEL

4인용

견과류(호두, 피칸 호두, 캐슈넛, 헤이즐넛, 아몬드 등을 골고루) 100g

꿀 2큰술

파프리카 가루 ½작은술

계핏가루 ½작은술

붉은 고춧가루 ½작은술

소금 2작은술

오븐을 150도로 예열한다.

소스 볼에 견과류와 꿀, 가루류를 넣고 잘 섞는다.

오븐 팬에 유산지를 깔고 재료를 펼쳐서 올린 다음 오븐에 넣는다.

중간중간 뒤집으며 노릇노릇 15~20분간 굽는다(타지 않게 주의한다).

식혀서 굵게 부수고 준비된 샐러드 위에 뿌린다.

허브 크루통 CROÛTONS AUX HERBES

4인용

효모 빵(깜빠뉴 또는 치아바타) 200g 1.5cm 크기의 큐브 모양으로 자른다.

녹인 버터 100㎖ 오리 기름이나 올리브오일로 대체 가능.

다진 마늘 2g(마늘 1쪽)

다진 허브(오레가노, 타임, 이태리 파슬리 등) 2큰술

소금, 후추 약간씩

오븐을 180도로 예열한다.

빵과 허브, 나머지 재료를 한데 넣고 골고루 섞는다.

오븐 팬에 펼쳐서 올린 다음 오븐에서 노릇노릇하고 바삭해질 때까지 10~15분간 굽는다.

식혀서 준비된 샐러드 위에 얹는다.

매콤한 병아리콩 POIS CHICHES PIQUANTS

174

4인용

익힌 병아리콩 120g 통조림 제품의 경우 찬물에 헹군 다음 물기를 뺀다.

올리브 오일 2큰술

고춧가루 ½작은술

파프리카 가루 ½작은술

소금, 후추 약간씩

병아리콩은 물기를 말린 뒤 키친타월 위에 올려놓고 비벼서 껍질을 제거한다.

팬에 올리브오일을 두르고 10분간 노릇노릇하고 바삭해질 때까지 굽는다. 키친타월 위에 올려놓고 식힌다.

그릇에 옮겨 담은 뒤 고춧가루와 파프리카 가루, 소금, 후추를 넣고 잘 섞는다.

식혀서 준비된 샐러드 위에 얹는다.

듀카 DUKKAH

120g

헤이즐넛(또는 아몬드) 30g

피스타치오 30g

통깨 4큰술

고수 씨 2큰술

커민 씨 2큰술

검은 통후추 1작은술

타임 2작은술

파프리카 가루 1작은술

소금 1작은술

팬에 헤이즐넛과 피스타치오를 넣고 가볍게 볶은 뒤 그릇에 담아 놓는다.

팬에 통깨, 고수 씨, 커민 씨, 통후추를 넣고 가볍게 볶는다.

블렌더 용기에 볶은 재료들과 타임, 파프리카 가루, 소금을 넣은 뒤 블렌더로 굵게 간다.

식혀서 준비된 샐러드 위에 뿌린다.

파마산 치즈 과자 TUILES DE PARMESAN

178

약 12개

파마산 치즈 50g 곱게 간다.

오븐을 200도로 예열한다.

오븐 팬에 유산지를 깔고 파마산 치즈 가루를 숟가락으로 수북이 떠서 팬에 띄엄띄엄 올린다. 숟가락 뒷면을 이용해 평평하게 모양을 잡는다.

오븐에 넣고 3분 정도 혹은 치즈가 투명한 노란색이 될 때까지 굽는다.

굽고 난 뒤 몇분 정도 오븐 팬 위에 그대로 둔다.

그릴로 된 오븐 채반에 옮겨 놓고 식히면 겉이 바삭해진다.

먹기 좋은 크기로 부수거나 원래 크기 그대로 준비된 샐러드 위에 올린다.

타임 뮤즐리 MUESLI AU THYM

180

4인용

귀리(납작하게 빻은) 30g
피스타치오 20g 굵게 다진다.
헤이즐넛 20g굵게 다진다.
해바라기 씨 1큰술
아마 씨 1큰술
펜넬 씨 1작은술
퀴노아(빻은) 4큰술
타임 2줄기
오리 기름 2큰술
소금 1작은술

오븐을 150도로 예열한다.

모든 재료를 한데 넣고 섞은 뒤 오븐 팬에 유산지를 깔고 재료들을 펼쳐서 올린다.

25분 동안 오븐에서 굽는다.

10분마다 오븐을 확인하며 살짝 노릇노릇하고 바삭하게 굽는다.

식혀서 준비된 샐러드에 곁들인다.

오렌지 레몬 소금 SEL D'AGRUMES

182

약 30g

레몬 제스트(레몬 8개) 곱게 다진다.
라임 제스트(라임 8개) 곱게 다진다.
오렌지 제스트(오렌지 4개) 곱게 다진다.
소금 2큰술

모든 제스트를 한데 넣고 섞는다. 오븐 팬에 유산지를 깔고 섞어 놓은 제스트를 펼쳐서 올린다.
오븐에 팬을 넣고 온도는 설정하지 않은 채 불빛만 들어 온 상태에서 6~8시간 동안 그대로 둔다.
오븐에서 굽는 것이 아니라 오븐의 불빛을 이용하여 재료를 건조하는 것이다.
오븐에서 꺼낸 뒤 제스트가 마르고 바삭해질 때까지 24시간 이상 그대로 둔다.
소금을 넣은 다음 밀폐 용기에 담아 보관한다.

호박씨 해바라기씨 간장 조림 GRAINES CROQUANTES AU SOJA

4인용

다양한 씨앗류(호박씨, 해바라기 씨 등) 80g
일본간장 4큰술 가벼운 맛을 원할 경우 소금으로 대체 가능.

팬에 씨앗류를 넣고 중간 불로 가볍게 볶는다.

간장을 넣고 계속 섞으면서 부글부글 끓이다가 간장이 증발하면 불을 끈다.

유산지 위에 씨앗들을 펼쳐 놓고 식힌다.

밀폐 용기에 보관하여 사용한다.

마늘 호두 크럼블 CRUMBLE À L'AIL

186

4~6인용

다진 마늘 2g(마늘 1쪽)

올리브오일 2큰술

빵가루 수북하게 4큰술

작게 자른 호두 3큰술

레몬 제스트(레몬 ½개) 곱게 다진다.

곱게 썬 민트잎 3큰술

소금, 후추 약간씩

팬에 올리브오일을 두르고 마늘이 살짝 노릇해지도록 볶은 뒤 빵가루와 호두를 넣고 바삭해질 때까지 볶는다.

불을 끄고 입맛에 따라 레몬 제스트, 민트, 소금, 후추를 첨가한다.

식혀서 준비된 샐러드 위에 뿌린다.

미식가의 프렌치 샐러드

초판 1쇄 인쇄 2019년 6월 28일   **초판 1쇄 발행** 2019년 7월 8일
지은이 수 퀸   **옮긴이** 배혜정   **발행인** 장인형   **임프린트 대표** 노영현
펴낸 곳 다독다독   **출판등록** 제313-2010-141호   **주소** 서울특별시 마포구 월드컵북로4길 77, 3층   **전화** 02-6409-9585   **팩스** 0505-508-0248
ISBN 978-89-98171-74-2 13590   *잘못된 책은 구입한 곳에서 바꾸실 수 있습니다. 다독다독은 틔움출판의 임프린트입니다.